GILLES VENTRILOQUE,

PARADE
MÊLÉE DE VAUDEVILLES,
EN UN ACTE;

Par les C^s. Gersin, Année et Vieillard.

Représentée pour la première fois sur le théâtre du Vaudeville, le 14 Ventôse de l'an 8.

A PARIS,

Chez { Le Libraire qui est au théâtre du Vaudeville.
Huet, Libraire, rue Vivienne, N°8, près celle Colbert.
Huzelet, Imprimeur, rue des Fossés-Jacques, N°. 4.

AN VIII.

PERSONNAGES.	ACTEURS.
CASSANDRE, Entrepreneur de la Fantomagie.	Le cit. LENOBLE.
COLOMBINE, fille de Cassandre.	Mlle AUBERT.
ARLEQUIN, Amant de Colombine.	Le cit. LAPORTE.
GILLES, rival d'Arlequin.	CARPENTIER.
TROIS COMPÈRES DE GILLES.	FICHET, EDOUARD, Mlle LOLOTTE.
FAMILLE DE GILLES.	

La Scène se passe à Paris, dans la Maison de Cassandre.

Le théâtre représente un salon où se trouvent une cheminée, une pendule et un petit buffet : à la gauche du spectateur est une porte qui conduit dans l'intérieur de la maison; à la droite, une autre porte secrète, pratiquée dans le lambris et masquée par un canapé, communique à un couloir construit en dehors de l'appartement.

Nous déclarons avoir cédé au citoyen HUGELET la Pièce ayant pour titre : *Gilles Ventriloque*, Parade en un acte, de notre composition; laquelle Pièce il peut imprimer, vendre et faire vendre en tel nombre d'exemplaires qu'il lui plaira, nous réservant les droits d'Auteurs par chaque représentation qu'on pourra donner.

Paris, ce 15 Floréal, an 8 de la république.

Signé GERSIN, ARNEL, VIEILLARD.

Je déclare que je poursuivrai tous contrefacteurs et distributeurs d'éditions contrefaites qui ne porteroient pas le fleuron qui est au frontispice de la présente Comédie, et qui indique les lettres initiales de mon nom.

S.-A. HUGELET.

GILLES VENTRILOQUE,

PARADE EN UN ACTE.

SCÈNE PREMIÈRE.
COLOMBINE seule, tenant une lettre.

Gilles est sorti ; nul autre que lui ne vient dans cette chambre, profitons de ce moment pour lire la lettre de mon cher Arlequin.

(*Elle lit.*) « Une moitié d'Arlequin à son autre moitié.
« D'après ta dernière, du premier, tu as du chagrin, je suis
« désolé ; tu soupires, je pleure ; tu languis, je meurs ; or, je
« veux y couper court, et voici comme. J'ai terminé mes affaires,
« je t'aime toujours ; et je pars en croupe sur ma lettre pour
« la suivre de près. — Maintenant si tu es contente, je suis
« joyeux ; si tu te ranimes, je renais ; si tu es heureuse, je
« suis aux anges. »

Ton ARLEQUIN pour la vie.

Si ce n'est lui, c'est bien ce qu'il me dit quand il est près de moi, et je le reconnais encore plus dans ses lettres, que dans ce portrait qu'il m'a laissé en partant.

AIR : *C'est le meilleur enfant.*

Le portrait n'a de son modèle
Que les traits de quelques instants ;
La lettre à l'amour plus fidèle
Exprime tous les sentiments,
Là, c'est toujours la même image,
Ici toujours nouvelle ardeur ;
L'un est le portrait du visage,
Et l'autre est le portrait du cœur.   (*bis*)

Ainsi, bientôt je pourrai le voir, l'entendre !....

GILLES

SCENE II.
GILLES, COLOMBINE.

GILLES.
Vous pensiez à moi, je parie?

COLOMBINE.
Ne pariez pas. Que voulez-vous?

GILLES.
Je veux vous voir, vous adorer.

COLOMBINE.
Et vous venez exprès?

GILLES.
Sans doute.

Air: *de la croisée.*

Quelque part j'ai lu qu'un amant
Dans chaque objet voit sa maîtresse;
Qu'en chaque lieu, qu'à chaque instant
Il l'entend, lui parle sans cesse.
Plus qu'un autre, en amour, je croi
Me piquer pour vous de recherche,
Cependant pour vous trouver, moi
Il faut que je vous cherche. (*bis*)

COLOMBINE.
L'aveu est galant.

GILLES.
Je vous vois bien aussi où vous n'êtes pas.

COLOMBINE.
Tant pis.

Air: *Je crois avoir lu que'que part.*

S'il est des gens qu'on est jaloux
De voir, de rechercher sans cesse,
Combien il en est parmi nous
Dont l'aspect nous gêne et nous blesse;
Et qui sous un dehors nouveau
Nous montreroient leur personnage,
Si, comme on change de manteau,
On pouvoit changer de visage. (*bis*)

GILLES.
Ce n'est pas à moi que cela s'adresse, je ne change jamais d'habit.

VENTRILOQUE. 5

COLOMBINE.

Non ; mais vous faites changer de place. (*Elle veut s'en aller.*)

GILLES, *la retenant.*

Où courez-vous ?

COLOMBINE.

Chercher mon père.

GILLES.

Demeurez un instant, je veux vous parler de notre mariage, et je suis venu d'avance vous présenter mon épithalame.

COLOMBINE.

Encore vos grands mots !

GILLES.

Depuis que je m'instruis cela ne doit pas vous étonner, écoutez.

Air: *Si Pauline est dans l'indigence.*

D'Hébé vous avez la jeunesse,
Moi, de Momus j'ai la gaité ;
Vous passez Minerve en sagesse,
Moi, Mercure en agilité ;
De Vénus vous avez la grace,
Moi, de l'amour j'ai tous les feux ;
Chez l'hymen allons prendre place,
Nous ferons l'Olympe à nous deux. (*bis*)

COLOMBINE.

Même Air :

De cette faveur trop insigne
L'éclat n'éblouit point mes yeux,
Et je me reconnois indigne
D'augmenter le nombre des dieux.
Croiez, si vous voulez m'en croire,
Comme Jupiter votre ayeul,
Et sans partager votre gloire
Faites l'Olympe à vous tout seul. (*bis*)

GILLES.

Je ne veux pas.

COLOMBINE.

C'est dommage. (*à part*) Allons prévenir mon père du retour d'Arlequin.

GILLES.

Mais écoutez donc !.....

SCENE III.
GILLES, seul.

Elle me fuit!... oh, ce n'est rien que ça, le besoin que son père a de mes talents la ramènera; monsieur Cassandre exerce avec beaucoup d'esprit la fantomagie, mais comme il découvre chaque soir quelques nouvelles places vuides dans la salle, il veut pour les remplir, s'associer ce qu'on appelle *le Ventriloque*; mon bonheur a fait qu'un ami m'en a regalé, moi qui ai le nez fin, j'ai senti tout de suite qu'il y avait des compères; j'en ai retenu aussi, et monsieur Cassandre va me prendre pour Ventriloque. Ce local qu'il m'a accordé est bien disposé; tous mes moyens sont prêts; encore quelques répétitions, et je suis en état......

SCENE IV.
CASSANDRE, GILLES.
GILLES.
C'est encore vous, monsieur Cassandre?
CASSANDRE.
Je viens...
GILLES.
Quelle indiscrétion!.... me troubler dans mes exercices!
CASSANDRE.
Apprenez.....
GILLES.
M'avez-vous vu jamais interrompre vos mystères?
CASSANDRE.
Je n'ai qu'un mot.
GILLES.
Je vous entends, vous venez me presser de hâter mon expérience? — Je ne suis pas prêt.
CASSANDRE.
Je veux au contraire....
GILLES.
Croyez-vous qu'on se Ventriloquise comme vous faites une apparition?

Air: *J'ai vu partout dans mes voyages.*

Suffit-il qu'on en ait envie
Pour que l'on se trouve en crédit?

VENTRILOQUE.

Qu'on voie une table servie
Pour cesser d'avoir appétit ?
Croyez-vous qu'on soit homme honnête
Sitôt qu'on en a pris l'habit ?
Croyez-vous qu'on ne soit plus bête
Dès qu'on veut avoir de l'esprit ?

Je ne me change pas comme ça, moi.

CASSANDRE.

Ecoutez-moi donc.

GILLES.

Ah, je devine ; vos dettes criardes.

Air : *d'Arlequin Pygmalion.*

Toujours un créancier assomme
Quand on promet de le payer ;
Ne donnez d'espoir à personne,
Et vous allez les renvoyer.
Tous mes créanciers, que j'honore,
Me laissent vivre à leurs dépens,
J'ai soin qu'une moitié l'ignore,
Et l'autre le saura long-temps.

Il me faut encore trois grands jours.

CASSANDRE.

Mais, mon ami, nous sommes d'accord.

GILLES.

Eh, que ne parliez-vous donc ?

CASSANDRE.

Je suis ici pour cela.

GILLES.

A la bonne heure.

CASSANDRE.

Ma fille vient de m'annoncer qu'il nous arrive un fin connoisseur.

GILLES.

Qui se nomme ?

CASSANDRE.

Arlequin.

GILLES, *avec étonnement.*

Arlequin ?.... mon rival ?

CASSANDRE.

Ah ! diable, oui ; mais c'est un garçon qui y voit clair.

GILLES.

(*A part.*) Ouff.... Ah, la mauvaise rencontre ! — Quand arrive-t-il ?

CASSANDRE.

Demain, et nous l'attendrons.

GILLES.

Attendre?... encore remettre mon expérience?... me traiter toujours en longueur ?

CASSANDRE.

J'ai besoin de ses conseils.

GILLES.

Vous avez besoin d'argent.

CASSANDRE.

C'est vrai ; mais....

GILLES.

C'est demain votre jour de paiement, et aujourd'hui mon talent vous assure une recette superbe.

CASSANDRE.

Aujourd'hui ?

GILLES.

J'en réponds ; on ne sait où aller ce soir.

AIR : *Toujours en train, toujours en route.*

Dans cette heureuse circonstance
　Annoncez notre expérience,
Et vous sortirez d'embarras ;
Des spectacles j'ai vu la liste,
Elle est partout maussade et triste.
　A l'*Opéra*, *Léonidas*
　Meurt seul avec tous ses soldats.
La *République* fatiguée
Suspend son *Abbé de l'Épée* ;
Comme on veut toujours du nouveau
Personne n'ira voir *Feydeau* :
Au *Palais*, *Pourceaugnac* sommeille,
Et, pour endormir, *Poulot* veille ;
L'*Opéra-comique* à grands frais
Reprend sa *Maison du Marais*.
Je ne dis rien du *Vaudeville*
Par égard pour mon cousin Gilles ;
　A *Louvois* répétition,
　Et même indisposition ;
　A la *Cité*, la troupe entière
　Est aujourd'hui sur la litière,
　Et se repose jusqu'au neuf
　Attendant qu'on la serre à neuf.

Ainsi, annoncez-moi.

CASSANDRE.

VENTRILOQUE.

CASSANDRE.

Mais encore faudrait-il que j'eusse un échantillon de votre savoir-faire.

GILLES.

N'est-ce que cela ? je vais vous donner une répétition de ce que je puis faire devant le public.

CASSANDRE, *hésitant*.

C'est déjà quelque chose... Je pourrais juger.... mais je crains de me compromettre.

GILLES.

Monsieur Cassandre, vous auriez peut-être dans votre famille quelques bonnes têtes, quelques docteurs ?

CASSANDRE.

Si j'en ai !

AIR : *Du vaudeville des Visitandines.*

J'ai vu peupler plus d'un lycée
Des descendans de ma maison.
J'ai des cousins dans le *Musée*
Et quatre sœurs à *Thélusson*.
Dans tous les salons littéraires
Je pourrais trouver des enfans ;
J'ai même depuis quelque temps
Dans le *Portique* bien des *frères*.

GILLES.

Voilà ce qu'il me faut. Convoquez les tous, qu'ils m'entendent et prononcent.

AIR : *Du vaudeville de Rabelais.*

S'ils sont peu sûrs de leur science,
Que par vous chacun soit instruit
Qu'en ces lieux, comme à leur séance,
Ils n'auront pas besoin d'esprit.
On juge de choses pareilles
Sans effort, sans nul embarras ;
Il suffit d'avoir des oreilles,
Et ces messieurs n'en manquent pas.

CASSANDRE.

Ah Gilles ! vous me subjuguez, et je vais vous faire afficher.

GILLES, *l'arrêtant*.

Monsieur Cassandre, chacun a son genre d'affection dans ce monde. Colombine est pour les grands sentimens, vous pour l'espèce, moi pour le sexe, et vous savez....

B

CASSANDRE.

Je vous comprends ; et si votre expérience réussit, je vous adjoins à mes travaux, je vous préfère à Arlequin, et ma fille est à vous, ainsi que je vous l'ai promis.

GILLES.

Vous me répondez d'elle ?

CASSANDRE.

Je n'ai qu'un mot à dire. (*il appelle*) Colombine.... Colombine. — Vous allez voir.

SCÈNE V.

CASSANDRE, COLOMBINE, GILLES.

COLOMBINE.

Vous m'appelez, mon père ?

CASSANDRE.

Mademoiselle, au nom de la soumission filiale, je vous défends de répliquer, de sourciller même, sous peine d'encourir la malédiction du plus sensible des pères.

COLOMBINE.

Oh mon dieu !

GILLES, *regardant Cassandre.*

Qu'il est beau !

CASSANDRE.

Je vous ordonne de choisir pour époux l'homme, ou plutôt le génie que je vous présente.

COLOMBINE.

Mon père....

CASSANDRE.

Taisez-vous. (*à Gilles*). Vous voyez que son consentement est volontaire et formel.

GILLES.

Cependant....

CASSANDRE.

Gardez-vous d'en douter, et préparez votre expérience.

GILLES, *en sortant.*

Adieu, compagnon de ma gloire.... et vous aussi, docile épouse. (*à part*) Allons prévenir mes compères. (*Il sort.*)

SCENE VI.
CASSANDRE, COLOMBINE.
CASSANDRE.

Bien, ma fille, fort bien. Je suis enchanté de votre soumission.

COLOMBINE.

Quoi, mon père, vous voudriez me sacrifier?...

CASSANDRE.

Moi! immoler mon sang! moi qui donnerais pour lui ma vie, mon être, toute mon existence!

COLOMBINE.

Et vous me condamnez!...

CASSANDRE.

C'est par excès de tendresse.

COLOMBINE.

Et pourquoi cet excès?

CASSANDRE.

Pourquoi?... petite ingrate, ne voyez-vous pas que mon cabinet périclite? on ne vient plus voir ma Fantomagie.

Air : *Pour aimer la République.*

Chez moi la foule diminue,
Mon affiche offre cependant
La mort à chaque coin de rue,
Afin d'allécher le passant.

COLOMBINE.

Si l'on ne vous rend plus visite
N'en ayez point d'étonnement :
Est-ce qu'au plaisir on invite
Par des billets d'enterrement?

Vous ne savez pas attirer les curieux.

CASSANDRE.

Quels moyens prendre donc?.. J'ai menacé de mon départ pour Calais; cela a-t-il fait peur à personne? J'ai donné vingt fois ma dernière représentation: a-t-on fait un pas pour la voir? Enfin, hier je dis que la séance est demandée, que les billets gratis et les entrées de faveur sont généralement suspendus.... eh bien, tu as vu ; à huit heures, j'ai été obligé de donner relâche.

GILLES

COLOMBINE.

Vous ennuyez peut-être avec vos Sibilles, vos Pythonisses, vos prêtres de Memphis.

CASSANDRE.

Cela ne doit pas être. D'ailleurs, mon cabinet n'offre-t-il pas des choses divertissantes? que ne voit-on pas dans mon optique?

COLOMBINE.

A la bonne heure; mais vous faites toujours voir la même chose, et puis, vous n'êtes pas gai.

AIR: *Avec les jeux dans le village.*

Vos préludes semblent trop sombres,
Tout n'y paroît que par éclair,
Et si l'on juge mal vos ombres,
C'est qu'on n'y voit pas assez clair.
Tout s'offre sous de noirs symptômes,
Et quand on sort chacun se dit
Qu'en montrant toujours des fantômes
Vous ne montrez jamais d'esprit.

Et c'est précisément ce qu'on voudroit voir.

CASSANDRE.

Oui, je conçois qu'il me faudroit un peu plus de lumières.

COLOMBINE.

Et un peu moins dans la salle.

CASSANDRE.

Cependant, je me suis donné bien du mouvement.

AIR: *Du vaudeville de l'Officier de fortune.*

Par des procédés admirables
J'ai fait voir de nombreux essaims,
De sorciers, de lutins, de diables
Accompagnés de quelques saints.

COLOMBINE.

Que n'avez-vous, changeant de vues,
Offert dans l'heureux avenir
La vertu s'élevant aux nues,
Le crime à son dernier soupir!

CASSANDRE.

Je n'en aurois offert que le simulacre, au lieu qu'on nous en prépare la réalité. Au surplus, Gilles va me tirer d'affaire.

COLOMBINE.

Que pouvez-vous attendre de lui, après ce qui vous est arrivé à l'Elysée, à Rosenthal?

CASSANDRE.

Allons, vous convient-il de me rappeler mes catastrophes? cette fois-ci, c'est Gilles qui parlera.

COLOMBINE.

Je plains ses auditeurs.

CASSANDRE.

Il a dix voix à son service, et il doit raisonner sur tout.

COLOMBINE.

Ah, ce sera bien pis.

Air : *De la parole.*

Répéter ce que l'on a dit,
C'est un défaut qu'on passe encore;
Mais il devroit être interdit
De parler de ce qu'on ignore.
Ah, si pour finir les débats
Dont la sottise nous désole,
On ne pouvoit dans aucun cas
Parler de ce qu'on ne sait pas,
Que de gens perdroient (*bis*) la parole! (*li*).

CASSANDRE.

Tu pourrois bien devenir muette, au lieu que Gilles....

COLOMBINE.

Je connois quelqu'un qui vous seroit bien plus utile.

CASSANDRE.

Arlequin? il me promettroit... et feroit comme les autres. Gilles me fait gagner de l'argent ce soir même : et lui, quand le pourroit-il?

COLOMBINE.

Bientôt;.... demain.

CASSANDRE.

Oh oui, demain : bien trouvé.

Air : *Du vaudeville des petits Montagnards.*

Demain, demain, dit-on sans cesse.
Gardons de nous y reposer.
C'est un mot dont la politesse
Abuse pour nous refuser.

GILLES

Qu'aujourd'hui le besoin nous presse,
Sur le secours on compte en vain ;
C'est pour *aujourd'hui* la promesse,
Et le service est pour *demain*.

J'aime qu'on m'oblige tout de suite, et je vais de ce pas convoquer l'assemblée de famille.

COLOMBINE.

Pour mon mariage ?

CASSANDRE.

Il dépendra du succès de ma nouvelle entreprise. (*Il sort*).

SCENE VII.
COLOMBINE, seule.

Sa nouvelle entreprise... si elle alloit réussir, et qu'avant l'arrivée d'Arlequin, mon père voulût me forcer.... oh non ; il m'aime, et je ne dois avoir nulle inquiétude ; j'aurai toujours pour moi mon père et mon amant.

Air: *Du vaudeville de Chaulieu.*

Pour étayer notre existence
Le sort nous donna deux soutiens ;
L'amitié, douce jouissance,
Et l'amour, le plus grand des biens.
Alors qu'un seul tient compagnie,
On ne se soutient qu'à moitié ;
Mais on est fort, quand on s'appuie
Sur l'amour et sur l'amitié.

Arlequin va revenir, et il aura bientôt écarté son rival... mais, qu'entends-je ?

SCENE VIII.
ARLEQUIN, COLOMBINE.
COLOMBINE.

Ah ! c'est mon cher Arlequin.

ARLEQUIN.

Te voilà.... quel plaisir de te revoir !

COLOMBINE.

Quel bonheur d'être réunis !

VENTRILOQUE.
ARLEQUIN.
Ta vue me délasse. Chacun de tes regards est une caresse.

Air : *De zéphir.*

Pour moi,
Loin de toi
Quand je suis,
De soucis
Et d'ennuis
Je gémis,
Je languis,
Je péris ;
Mais, las !
Dans mes bras
Caressans
Quand je sens
Tes attraits
Doux et frais,
Je renais.

L'amant
Inconstant
En tous lieux
Est heureux ;
A ses yeux
Chaque objet
Est parfait
Et lui plaît.
Souvent
Quoiqu'absent
Il ne sent
Ni tourment,
Ni douleur,
Et son cœur
Peut s'ouvrir
Au plaisir.

Pour moi, etc.

Beautés naïves,
Coquettes vives,
N'espérez pas
Dans vos lacs
Pleins d'appas ;
Jetter
Arrêter
Arlequin ;

GILLES

Ce moyen
Seroit vain,
Son cœur plein
N'entend rien.

Car moi,
Loin de toi, etc.

COLOMBINE.

Pauvre petit, tu as bien chaud; tu t'es bien pressé pour arriver aujourd'hui ?

ARLEQUIN.

Quand on va trouver le bonheur, on ne s'arrête point en route.

COLOMBINE.

Et quand on l'attend, il ne vient jamais trop vite.

ARLEQUIN.

Nous ne l'attendrons plus.

AIR : *Pauvre petit*, (*de Renaud d'Ast*).

Près de toi je vais m'enivrer
Du doux plaisir de t'admirer.
    Quand l'amour est extrême,
    Être avec ce qu'on aime,
Dans ses bras pouvoir le presser,
Et de ses doigts le caresser,
Oh oui, (5 *fois*) c'est le bonheur suprême. (*bis*.)
J'aime à revoir tous ces appas ;
Ce joli pied, ce joli bras,
Ce doux minois, ce fin corsage.

COLOMBINE.

Que j'aime ce tendre langage,
Cet air gai, cette folle humeur !

ARLEQUIN.

Que de graces ! que de fraîcheur !
Tu seras toujours belle.

COLOMBINE.

Non ; mais toujours fidèle.

ENSEMBLE.

Près de toi je vais m'enivrer, etc.

ARLEQUIN.

Ça, maintenant parlons d'affaires sérieuses.

COLOMBINE.

Tu as raison.

ARLEQUIN,

ARLEQUIN.
As-tu bien caressé les petites tourterelles que je t'ai données ?
COLOMBINE.
En peux-tu douter ?
ARLEQUIN.
Tu as donc bien pensé à moi pendant mon absence ?
COLOMBINE.
A chaque instant. Et toi ?
ARLEQUIN.
A toute minute. Je faisois plus même ; je te rattrappois partout.

AIR : *Souvent la nuit, quand je sommeille.*

Parmi les fleurs c'est la plus belle
Que la bergère va cueillir,
Et c'est le plus parfait modèle
Qu'un peintre habile sait choisir.
Ainsi, dès qu'un joli visage
S'offroit à mes yeux enchantés,
Mon cœur en pilloit les beautés
Pour en composer ton image. (*bis.*)

COLOMBINE.
Même Air.

Pour moi, sans effort je compose
L'ensemble de tes traits chéris ;
Partout où mon œil se repose
Je crois les voir tous réunis ;
Et quand ton ame embarrassée
En tous lieux alloit me cherchant,
Je te trouvois à chaque instant
Dans mon cœur et dans ma pensée. (*bis.*)

ARLEQUIN.
Tu es si bonne !... je suis sûr que le portrait étoit flatté....
Mais, tu parois inquiète. (*Colombine regarde de côté et d'autre*)
COLOMBINE.
Tu ne sais pas ce qui se fait ici ?
ARLEQUIN.
Non. Que se fait-il donc ?
COLOMBINE.
Pendant ton absence, Gilles vouloit.....
ARLEQUIN.
Il n'osera plus rien : me voici de retour.
COLOMBINE.
Mon père....
ARLEQUIN.
Il m'aime ; je le ramenerai.

COLOMBINE.
Il prétend.....
ARLEQUIN.
Je lui ferai voir qu'il a tort.
COLOMBINE.
Il veut avoir de l'argent.
ARLEQUIN.
Je lui en ferai gagner.
COLOMBINE.
En ce cas, comme il sera gai !
ARLEQUIN.
Comme Gilles sera triste !
COLOMBINE.
Comme nous serons joyeux !
ARLEQUIN.
Et comme je vais m'amuser avec les jolis petits hochets que l'hymen me prépare !
COLOMBINE.
Tu seras donc toujours enfant ?... des hochets !
ARLEQUIN.
Oui, des hochets. N'en est-il pas pour tous les âges ?

Air nouveau.

Les friandises et les jeux
Sont les hochets de la jeunesse ;
L'amour à ces hochets heureux
Fait succéder une maîtresse.
Après ces hochets séduisans
L'hymen est le hochet du sage ;
On devient père, et les enfans
Sont les hochets du mariage.

SCÈNE IX.

ARLEQUIN, COLOMBINE, MAJEUR, MINEUR, BASSO.

COLOMBINE, *les voyant entrer.*
Que demandez-vous ?
MINEUR.
Monsieur Gilles.
COLOMBINE, *avec humeur.*
Il n'y est pas.
MINEUR.
Nous l'attendrons.

VENTRILOQUE.

ARLEQUIN, *à Colombine.*

Quels sont ces trois escogriffes ?

COLOMBINE.

Je l'ignore : depuis deux ou trois jours, je les vois roder par ici.

ARLEQUIN.

Sais-tu pourquoi ?

COLOMBINE.

Non ; mais je soupçonne qu'ils sont les instrumens dont Gilles se sert dans l'expérience qu'il prépare.

ARLEQUIN.

Une expérience ?

COLOMBINE.

Dont le succès lui fera obtenir ma main.

ARLEQUIN.

Ah, sango de mi ! attends, attends, je m'en vais culbuter l'entreprise.

COLOMBINE.

Que vas-tu faire ?

ARLEQUIN, *s'arrêtant.*

Tu as raison : il vaut mieux les interroger, et découvrir leur secret. Je ne te renvoie pas ; mais vas-t'en.

―――

SCÈNE X.

ARLEQUIN, MINEUR, MAJEUR, BASSO.

ARLEQUIN, *à part.*

Tâchons, par une fausse confidence de connoître le motif qui les conduit ici.

Air : *Je suis aussi trop maltraité.*

Pour nous attirer dans des lacs,
Ainsi l'on feint la confiance ;
On dit ce qu'on ne pense pas
Pour savoir ce qu'un autre pense.

Abordons-les. (*Aux trois compères*). Faites-vous aussi partie du secret ?

MINEUR.

Et vous ?

ARLEQUIN.

J'en étois avant qu'il en fut question.

MINEUR.

Vous savez donc le fin mot ?

ARLEQUIN.

Il est de ma façon : mais motus. — Pourquoi êtes-vous ici ?

GILLES

MINEUR.

Pour jouer. — Et vous ?

ARLEQUIN.

Pour souffler.

MINEUR.

Ah, tant mieux.

ARLEQUIN.

Et vous jouez ?

MINEUR.

Pour Mr Gilles.

Air :
Comme il est souvent peu dispos
Sur le chapitre des paroles,
Pour qu'il improvise à propos
Nous venons répéter ses rôles.

ARLEQUIN.
Quoi, vous pourriez craindre aujourd'hui
De commettre quelques méprises ?
Mais plus vous direz de sottises
Et mieux on vous prendra pour lui.

MAJEUR.

Vous nous rassurez.

ARLEQUIN, à Basso.
Quel est votre emploi ?

BASSO, montrant Majeur.
Le même que le sien.

ARLEQUIN, à Majeur.
Et le vôtre ?

MAJEUR, montrant Mineur.
Comme lui.

MINEUR.
Nous sommes ses voix.

ARLEQUIN, à part.
Voilà des bavards bien discrets. (haut) Dans quel genre ?

BASSO.
Air : Jetez les yeux sur cette lettre.
En basse taille italienne
Je parle sur le ton du *fa*.

MAJEUR.
Ma voix est française et moyenne,
Je parle sur celui du *la*.

MINEUR.
Moi, chantre de la Germanie,
Parler en *ut*, voilà mon fait.

ARLEQUIN.
Ainsi tous trois de compagnie
Vous formez un accord parfait.

VENTRILOQUE.

MINEUR.
Il est bien meilleur quand nous avons notre octave.

ARLEQUIN.
Où est-il donc votre octave?

MINEUR.
Nous l'avons laissé ici-près.

Air: *Du vaudeville d'Abuzar.*

Gilles avoit promis qu'il paieroit
Sans marchander notre dépense;
Mais ce matin au cabaret
On m'a présenté la quittance.
Tandis qu'un de nous, sans soupçon
Se débattoit sur le mémoire,
Nous l'avons tous trois au garçon,
En délogeant, laissé pour boire.

ARLEQUIN, *à part.*
Ne pouvant percer le mystere, mettons-nous avec eux. (*haut*)
Mes amis, il me vient une idée.

MINEUR.
Quelle est-elle?

ARLEQUIN.
Votre camarade vous manque.

MINEUR.
Oui.

ARLEQUIN.
Gilles va vous chercher querelle.

MINEUR.
Il en est capable.

ARLEQUIN.
Je veux vous l'éviter.

MINEUR.
Comment?

ARLEQUIN, *montrant sa bourse.*
Recevez-moi parmi vous.

BASSO, *regardant les autres.*
Qu'en disons-nous?

ARLEQUIN, *à Mineur.*

Air: *Du vaudeville de l'Opera-comique.*

Vous avez là certain manteau,
Et moi j'ai là certaine bourse;
Je sais ce que vaut un manteau,
Et vous, ce que vaut une bourse.
Abandonnez votre manteau
Quand vous apperceves ma bourse.
On n'a plus besoin de manteau
Pour emporter la bourse.

(*Il prend le manteau en chantant le couplet, et s'en affuble.*)

GILLES

MAJEUR.
Voulez-vous aussi mon chapeau?

ARLEQUIN.
Ah, changeons. (*Il prend le chapeau de Majeur, lui donne le sien, et montre une autre bourse.*) Voilà pour tantôt.

BASSO.
Vous tiendrez parole?

ARLEQUIN.
Oui, mais soyez prudens. Le camarade malade, moi à sa place; je me charge du reste.

SCENE XI.
LES MÊMES, GILLES.

GILLES, *en entrant.*
Ah, mon dieu!

Air: *Contre les chagrins de la vie.*

Vous voici? quelle inconséquence!
Pouvez-vous paroître en des lieux
Où vous devriez par prudence
Vous garder de sauter aux yeux? (*bis*).

On vous reconnoîtra.

MINEUR.
Comment voulez-vous que l'on fasse
Pour rattrapper nos traits divers?
On ne vous a pas vus en face;
On nous regardoit de travers. (*bis*).

GILLES.
Tant mieux (*Il va fermer la porte*).

ARLEQUIN.
Fermer la porte!... quel est son dessein?

BASSO.
C'est son habitude.

GILLES, *revenant.*
Mes amis, vous avez répété hier comme des bijoux; et..... mais, je ne vois pas Fausset.... Quel est donc ce nouveau visage?

MINEUR.
C'est un artiste qui double notre camarade *retenu par accident*.

GILLES, *à Arlequin.*
Vous prétendez, sans rien connoître?....

ARLEQUIN.
Vous être utile.

GILLES.
Sans être au fait?

VENTRILOQUE.

ARLEQUIN.

L'intelligence supplée à tout.

GILLES.

Cela suffit ; on vous reçoit. (*aux autres*). Mes amis, comme nous ne faisons qu'un, apprenez mon projet. Nous ne devions opérer que dans trois jours, mais ce sera aujourd'hui même. Je veux réjouir de mon succès et de mon mariage un de mes intimes.

ARLEQUIN.

Quel est-il ?

GILLES.

Arlequin.

ARLEQUIN, *à part*.

Le fourbe !

GILLES.

Ainsi, la famille de Cassandre va se rendre ici, et c'est par votre secours que je vais être pris pour Ventriloque.

ARLEQUIN, *à part*.

Ah, le coquin !

TOUS.

Comptez sur nous.

GILLES.

Allons, vos rôles.

TOUS.

Voici le mien.

GILLES, *à Arlequin*.

Et le vôtre ?

ARLEQUIN.

Je n'en ai pas besoin.

GILLES.

Comment ?

ARLEQUIN.

Je saurai faire les réponses nécessaires.

GILLES.

Ne vous trompez pas.

ARLEQUIN.

Tenez, voulez-vous que je vous le dise ? mon père étoit le premier Ventriloque de Charles-Quint.

GILLES.

Vraiment ?

ARLEQUIN.

Et moi je tiens de mon père.

GILLES.

En ce cas, vous ne devez jamais faire attendre la réplique ?

ARLEQUIN.

Je la donne souvent avant qu'on ne me la demande.

GILLES

GILLES.
C'est fort.

ARLEQUIN.
En douteriez-vous?... à l'essai.

GILLES.
Volontiers. Rangez-vous bien. Première question : Que pensais-je de Mʳ Cassandre? (*On entend du bruit*).

ARLEQUIN.
Qui vive?

GILLES.
Paix donc. Ah, mon bon dieu! c'est Mʳ Cassandre; comment faire pour répéter?

TOUS.
Nous savons nos rôles.

GILLES.
Eh bien, en place.

ARLEQUIN.
Où donc?

GILLES.
On vous le dira. Sauvez-vous.

(*Ils sortent par la porte secrète pratiquée dans la cloison.*)

SCENE XII.

CASSANDRE, GILLES.

GILLES, *allant ouvrir.*

Allons, allons, Mʳ Cassandre. (*il ouvre*). Ah, c'est vous? je suis désolé de ne vous avoir pas reconnu.

CASSANDRE.
Eh bien, es-tu prêt? il n'y a plus à reculer; tout mon monde est sur l'escalier.

GILLES.
Les illustres dont vous m'avez parlé?

CASSANDRE.
Oui ; j'ai fait rafle de toute ma famille.

AIR : *Une fille est un oiseau.*

J'amène ici sur mes pas
Claude, Ignace, Boniface,
Jérôme, Eustache, Pancrace,
Blaise, Innocent, et Colas.
Ce sont tous gens de ma race,
Dont l'esprit brille avec grace
De profil comme de face,
A l'endroit comme à l'envers.
Sur cette nomenclature
Tu dois tirer bon augure   } *bis.*
D'être jugé par tes pairs.

GILLES.

VENTRILOQUE.

GILLES.

Pair ou non, je ne crains rien.

CASSANDRE.

Je puis donc les faire monter ?

GILLES.

A coup sûr. Et Colombine viendra-t-elle ?

CASSANDRE.

J'en doute.

GILLES.

Oh mais, point de Colombine, point d'expérience.

CASSANDRE.

Si je doute qu'elle vienne, c'est que je sais qu'elle tient à l'étiquette.... tu devrois.....

GILLES.

J'entends : je vais l'inviter en mon nom et au vôtre. (*Il lui prend sa canne et son chapeau*). Puis, je reviens ici à la tête de votre jury. (*Il entre chez Colombine*).

SCENE XIII.

CASSANDRE, *ensuite* **ARLEQUIN.**

CASSANDRE, *sans voir Arlequin.*

Que j'ai bien fait de m'adjoindre ce garçon-là ! c'étoit notre véritable lot... Oui : mais ce pauvre Arlequin, que dira-t-il à son retour ?

ARLEQUIN, *enveloppé dans son manteau.*

Que Mr Cassandre se laisse tromper.

CASSANDRE.

Qu'entends-je ?... quel est ce fantôme ?

ARLEQUIN.

Un bon vivant.

CASSANDRE.

Que me veut-il ?

ARLEQUIN.

Vous avertir.

CASSANDRE.

De quoi ?

ARLEQUIN.

Qu'on vous trompe.

CASSANDRE.

Qui vous l'a dit ?

ARLEQUIN.

Moi-même.

CASSANDRE.

Qui êtes-vous ?

ARLEQUIN, *jettant son manteau.*

CASSANDRE.
Vous, mon cher Arlequin ?

ARLEQUIN.
Tâtez plutôt.

CASSANDRE, *après avoir tâté.*
C'est bien lui.... Mais, pourquoi ce déguisement ?

ARLEQUIN.
Il m'a été nécessaire pour vous prouver que vous êtes trop bon, trop confiant envers Gilles.

CASSANDRE.
Tenez, mon ami, vous êtes un bon enfant, mais vous avez le malheur de garder une dent contre lui.

ARLEQUIN.
C'est que je le trouve toujours en faute.

CASSANDRE.
Air : *Daignez m'épargner le reste.*
Il prend sa revanche aujourd'hui.

ARLEQUIN.
Nouveau moyen de faire rire.

CASSANDRE.
Il va faire parler de lui.

ARLEQUIN.
C'est pour lui que vous voulez dire.

CASSANDRE.
On entendra par lui ce soir
Sans rien voir et sans rien comprendre.

ARLEQUIN.
Et moi, je vais vous faire voir   (*bis*).
Ce qu'il veut vous faire entendre.   (*bis*).

(*il va ouvrir les trois meubles, dans chacun desquels est aposté un des compères de Gilles*)

ARLEQUIN, *ouvrant.*
Majeur,... Mineur,... Basso.

CASSANDRE.
Que vois-je ?

ARLEQUIN.
Les organes de Gilles.

CASSANDRE.
Que voulez-vous dire ?

ARLEQUIN.
Que ces messieurs devoient parler pour lui.

VENTRILOQUE.

Air: *Appellé par le dieu d'amour.*

Son talent ne lui coûte rien ;
Au moyen des phrases qu'il vole
Sans y mettre jamais du sien
Il garde long-temps la parole.
Si tous les sots pour discourir
Usoient de la même recette,
Le vrai moyen de s'enrichir
Seroit de se faire interprète.

CASSANDRE.
Le coquin !.. le scélérat !

ARLEQUIN.
Paix. Ne vous faites donc pas connoître.

BASSO.
Eh bien, qu'allons-nous faire ?

ARLEQUIN.
Vous retirer prudemment.

MINEUR.
Nous ne répéterons pas ?

ARLEQUIN.
Retournez par où vous êtes venus ; il suffit. Bon soir.

SCÈNE XIV.
CASSANDRE, ARLEQUIN.

CASSANDRE.
A mon tour à présent. (*Avec emphase.*) Eclatez, sentimens de haine et de vengeance.

ARLEQUIN.
Là, là, calmez-vous.

CASSANDRE.
Je ne le peux pas : abuser de la bonne foi d'un honnête homme !

ARLEQUIN.
Voilà malheureusement ceux qu'on trompe.

Air :

L'honnête homme à la confiance
Partout aime à s'abandonner ;
Le méchant avec vigilance
De piéges sait l'environner.
Pour obliger l'un se hasarde,
A nuire l'autre est toujours prêt ;
Le premier n'est jamais en garde,
Et l'autre est toujours en arrêt.

GILLES

CASSANDRE.

O , j'y suis maintenant.

ARLEQUIN.

Mais vous pâlissez... qu'est-ce qui vous agite ?

CASSANDRE.

Je suis mort.

ARLEQUIN.

Bon ! vous riez !... mais quel est le sujet ?...

CASSANDRE.

N'ai-je pas affiché pour ce soir ?.. on va venir.

Air : *Nous sommes Précepte... d'amour.*

Si j'annonce mon accident
Le public va faire retraite ;
Ne seroit-il pas plus prudent
De laisser faire la recette ?

ARLEQUIN.

Oui, sûrement.

CASSANDRE.

C'est que je crains... et, comme disoit Colombine, les chaises.

ARLEQUIN.

Je parerai le coup. Gilles va venir avec ses auditeurs, il est persuadé que vous ne savez rien ; laissez-le faire.

CASSANDRE.

Même le mariage ?...

ARLEQUIN.

Non pas ; j'espère bien que je serai le premier que Colombine épousera.

CASSANDRE.

Vous l'aimez donc toujours ? et l'absence ?...

ARLEQUIN.

N'a fait que la rendre plus belle à mes yeux.

Air : *Lorsque dans une tour obscure.*

Par les graces, à son aurore,
Ses attraits semblent embellis;
A la rose qui se colore
Son teint unit l'éclat du lys.
Sa fraîcheur devient sa parure ;
Elle orne ses appas naissans,
Comme les fleurs dans la nature
Couvrent les tapis du printemps.

CASSANDRE.

J'entends du bruit ; c'est notre monde. Où allez-vous ?

ARLEQUIN.

Il ne faut pas qu'on me voie : ne dites rien.

(*Il sort par la porte secrète*).

SCENE XV.
CASSANDRE, COLOMBINE, GILLES.

Parens et amis de Gilles et de Cassandre, entrant en chantant.

Chœur.

Air : *Ah! le bel oiseau, maman.*

Soyons agiles
　Vraiment
Pour aller entendre Gilles ;
Ce garçon docte et charmant
De sa race est l'ornement.

UN DES PARENS.

Dans l'avenir j'apperçois
Sa gloire partout semée ;
Il va remplir de sa voix
Celles de la renommée.

Chœur.

Soyons agiles, etc.

GILLES.

J'ai la gloire de sortir
De votre famille illustre.
Bon sang ne sauroit mentir,
Je vous devrai plus d'un lustre.

Soyons agiles, etc.

GILLES.

Chacun est-il placé, et puis-je entrer en exercice ?

CASSANDRE

Un moment, monsieur. Mon discours d'ouverture.

Air : *Mes chers amis, etc.*

Mes chers amis,
　Je vous ai réunis
Pour juger de ce qui s'apprête.
　Vous entendrez
Tout ce que vous pourrez,
Mais voici le beau de la fête.
　Gilles dans un moment
　Par un trait étonnant
Veut vous prouver qu'il n'est pas une bête ;
　Sur ce, vous êtes avertis
　Que j'attends ici vos avis,
　Pour en faire ensuite à ma tête.

(à *Gilles*). Je vous passe la parole. (à *Colombine*). Tu vas voir.

GILLES

GILLES.
Citoyens et Mesdames, je me suis annoncé comme Ventriloque, et je vais vous rendre témoins d'une scène. Sans changer de place, je parlerai des différens coins de cette salle.

CASSANDRE.
A la preuve.

GILLES.
Il suffit. (*après un silence*). Vous y êtes?

ARLEQUIN, (*caché dans un des coins*).
Depuis une heure.

TOUS.
Bravo, Gilles.

GILLES, *étonné*.
(*à part*). Les mal-adroits! — Ce n'est rien que cela. Ecoutez. (*élevant la voix*). Que pensois-je de M. Cassandre? (*un silence; il frappe du pied et tousse*). Ce n'est pas là le ton; je vais recommencer. — Que pensois-je de M. Cassandre? — Les malheureux!.. (*il fait plusieurs mines*). Cette fois-ci, m'y voilà. — Que pensois-je de M. Cassandre?

ARLEQUIN, *dans le coin le plus près de Gilles*.
Que je veux en faire ma dupe.

GILLES, *se retournant*.
Hein!

CASSANDRE.
Qu'est-ce que tu dis?

GILLES.
Rien, rien... c'est une méprise... on peut se tromper.

ARLEQUIN, *dans un autre coin*.
Oui, mais on ne doit pas tromper les autres.

CASSANDRE.
Comment?... voudrois-tu surprendre quelqu'un?

GILLES, *riant d'un air déconcerté*.
Ne croyez pas ce que je dis. C'est que par fois je suis gai.

ARLEQUIN, *dans un autre coin*.
Comme un fripon qui se démasque.

CASSANDRE.
Oh, c'en est trop, Gilles.

Air: *De Molière à Lyon.*

Avec ce genre de gaîté
Tu parviens à nous faire rire;
Mais dirois-tu la vérité,
Ou de toi voudrois-tu médire?

COLOMBINE.
Sa voix dit vrai dans ce moment;
Pour l'écouter faites silence.

VENTRILOQUE. 31

Elle parle bien rarement;
C'est la voix de sa conscience.

CASSANDRE.

Eh bien, Gilles, tu ne continues pas?... vas donc... veux-tu que j'essaie moi-même?... que j'interroge à mon tour? attend; attends. (*Il se place au milieu du théâtre, et prend l'air important*). Je suis peut-être Ventriloque aussi, moi. — Arlequin aime-t-il encore Colombine? (*Colombine témoigne de l'étonnement.*)

ARLEQUIN, *caché*.

AIR : *Pauvre Louise, bien chagrine* (*d'Honorine*).

Toujours tendre, toujours fidèle,
Dans l'ardeur qui sait l'enflammer
Il ne voit, il ne cherche qu'elle,
S'il respire c'est pour l'aimer ;
Et si le sort tranchoit sa vie,
L'amour ranimant son flambeau
Pour le rejoindre à son amie
Le feroit sortir du tombeau.

(*En finissant le couplet, il sort de l'endroit où il étoit caché*).
Le voici.

━━━━━━━━━━━━━━━━━━━━━━━━━━━

SCENE XVI & dernière.

LES PRÉCÉDENS, ARLEQUIN.

TOUS, *en voyant sortir Arlequin*.

ARLEQUIN !

ARLEQUIN, *courant auprès de Colombine*.

Oui, ma bonne amie ; ne crois pas qu'il soit mort, car auprès de toi je sens qu'il n'en est rien.

COLOMBINE.

Ah, mon cher Arlequin !... Oh, mon père que je suis heureuse!

CASSANDRE.

Taisez-vous, mademoiselle ; est-ce un mari qu'il me faut, quand j'ai promis un Ventriloque?

ARLEQUIN.

Jugez, M. Cassandre, si je puis vous en servir. (*Il imite plusieurs voix*). A notre tour, monsieur le notaire ; l'acte est-il prêt? — Reste à signer. — Cela sera bientôt fait. (*Il signe sur son genou*). A toi, ma bonne amie. — Je le voudrois bien, mais je n'ose. — Tu n'oses, et pourquoi ? — Mon père ne veut pas. — En ce cas, M. le notaire, où en est le garçon ? — Il n'est marié que tout seul. — Ma bonne amie, signe donc, je t'en prie. — Si mon père n'approuve pas? — On en sera quitte pour effacer.

GILLES

CASSANDRE, à *Colombine*.

Alors, elle pourroit signer.

COLOMBINE.

Vous croyez?.. (*Elle va, sans être vue de Cassandre, signer le contrat sur le genou d'Arlequin*).

ARLEQUIN, *continuant le même jeu*.

M. le notaire, elle a signé ; où en est le mariage ? — Il avance, mais il est de la bienséance que le père signe. (*Se levant et allant vers Cassandre*). Comme je tiens aux bienséances, voulez-vous signer pour ce père-là, M. Cassandre

CASSANDRE.

Volontiers.

ARLEQUIN.

Vous approuvez donc ?

CASSANDRE.

Oui, car je suis sûr que vous remplirez mes vues.

ARLEQUIN, à *Gilles*.

Et toi, veux-tu me servir de témoin ?

GILLES.

Je suis bien gai pour ça.

Air : *Guillot auprès de Guillemette*.

Je perds ma dernière ressource ;
Comme un honnête homme à présent,
Je n'ai pas un sol dans ma bourse,
Et je vais vivre sans argent.

ARLEQUIN.

Il est un moyen infaillible
Qui peut encor t'en faire avoir.
Tâche de te rendre invisible,
Et tout Paris voudra te voir.

GILLES.

Je ne m'en servirai pas. Je ne veux pas me perdre de vue.

VAUDEVILLE.

Air : *Du vaudeville de : C'est l'un ou l'autre*.

CASSANDRE.

Aujourd'hui, comme en tous les temps
On voit beaucoup de charlatans,
   Cela m'afflige !
Aux yeux d'un moderne traitant,
La vertu comme le talent
   N'est qu'un prestige.
Tandis que pour un ignorant,
Un Ventriloque, un revenant
   Est un prodige.

                        (*bis*)

VENTRILOQUE.
GILLES.

Fille qu'on néglige à quinze ans
Peut garder ses airs innocens,
   Mais se corrige ;
Veut-elle former un lien ?
Chacun croit qu'elle ne sait rien ;
   C'est un prestige ;
Mais l'époux dès le même soir
Dit étonné de son savoir :
   C'est un prodige.   (*bis*)

COLOMBINE.

Après que l'on eut vu finir
Ce temps dont l'affreux souvenir
   Toujours afflige ;
Quand on entrevit le bonheur,
Chacun disoit avec douleur :
   C'est un prestige !
Mais déjà les jeux, la gaîté
Présagent la prospérité ;
   C'est un prodige.   (*bis*)

ARLEQUIN, *au Public.*

A chaque mot, chaque couplet,
Un auteur craint que le sifflet
   Ne le corrige.
Tout ce qui lui paroissoit beau
S'efface au lever du rideau,
   C'est un prestige.
Mais si vous daignez d'un *bravo*
Accueillir l'ouvrage nouveau,
   C'est un prodige.   (*bis*)

FIN.

De l'Imprimerie de S.-A. HUGELET, rue des Fossés-Jacques,
N° 4, division de l'Observatoire.

www.ingramcontent.com/pod-product-compliance
Lightning Source LLC
Chambersburg PA
CBHW060716050426
42451CB00010B/1466